Contraste insuffisant
NF Z 43-120-14

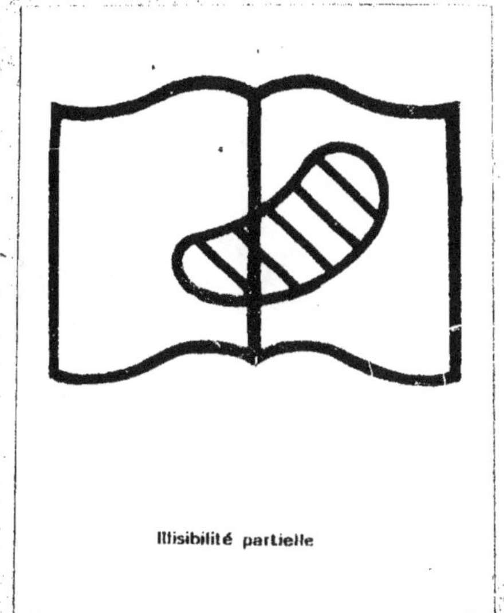

Illisibilité partielle

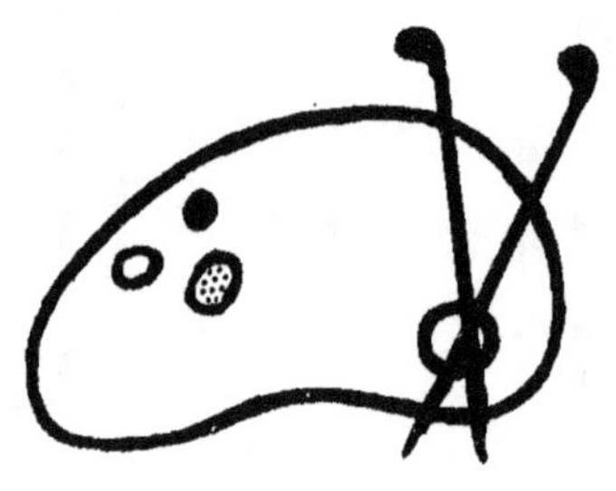

Original en couleur

NF Z 43-120-8

LA QUESTION

DES

PROPRIÉTÉS PRIMITIVES

PAR

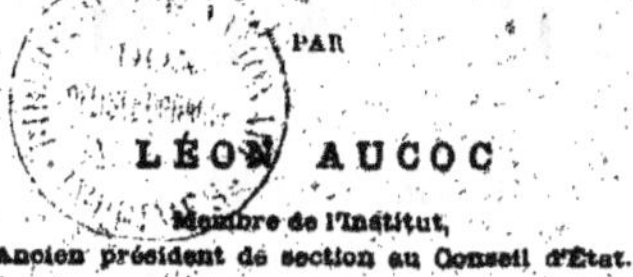

LÉON AUCOC

Membre de l'Institut,

Ancien président de section au Conseil d'État.

Extrait de la Revue critique de Législation et de Jurisprudence.

PARIS

LIBRAIRIE COTILLON

F. PICHON, SUCCESSEUR, IMPRIMEUR-ÉDITEUR,

Libraire du Conseil d'État et de la Société de Législation comparée,

24, RUE SOUFFLOT, 24.

1885

LA QUESTION

DES

PROPRIÉTÉS PRIMITIVES

PAR

LÉON AUCOC

Membre de l'Institut,
[Ancien président de section au Conseil d'État.

Extrait de la Revue critique de Législation et de Jurisprudence.

PARIS

LIBRAIRIE COTILLON

F. PICHON, SUCCESSEUR, IMPRIMEUR-ÉDITEUR,

Libraire du Conseil d'État et de la Société de Législation comparée,

24, RUE SOUFFLOT, 24.

1885

LA QUESTION

DES

PROPRIÉTÉS PRIMITIVES

Les études historiques et juridiques sur les transformations qu'a subies la propriété immobilière, depuis l'époque où les peuples étaient nomades, jusqu'à l'époque où ils se sont fixés au sol, se multiplient depuis un certain nombre d'années. On y trouve le contingent des trois écoles entre lesquelles se partagent les historiens : l'école qui décrit et raconte sans juger, l'école qui, après avoir décrit, cherche dans les faits du passé des leçons pour le présent et l'avenir, et l'école intermédiaire qui s'attache non seulement à exposer les faits, mais à expliquer les institutions, leur origine, leurs raisons d'être et leurs effets, de façon à reproduire aussi exactement que possible la vérité locale et momentanée, mais qui s'abstient, en principe, de généraliser, bien qu'elle se trouve quelquefois entraînée, par la force des choses, à sortir du terrain qu'elle s'est assigné.

Les ouvrages qui ont le plus attiré l'attention publique en France sont les études de M. Sumner-Maine sur l'*Ancien droit considéré dans ses rapports avec l'histoire de la société primitive et avec les idées modernes*, sur les *Institutions primitives* et sur *les communautés de village en Orient et en Occident*[1], et le livre de M. Emile de Laveleye sur *la propriété et ses formes primitives*.

[1] Les deux premiers ouvrages ont été traduits en français, l'un par M. Courcelle-Seneuil, l'autre par M. Durieu de Leyritz. Le troisième n'a pas été traduit ; mais il a été signalé dans les Revues françaises.

Les travaux de M. Sumner-Maine, que l'Académie des sciences morales et politiques compte au nombre de ses associés étrangers, se distinguent par la profondeur et la nouveauté des vues. L'éminent jurisconsulte anglais fait ressortir avec une grande sagacité les diverses nuances des institutions primitives qu'il a observées personnellement dans l'Inde et dont il a retrouvé les traces en Angleterre, en Ecosse et en Irlande, comme on les avait déjà signalées dans l'Allemagne ancienne et dans la Russie moderne.

Le livre de M. de Laveleye, qui se rattache aussi à l'Institut de France par le titre de correspondant, groupe habilement des renseignements extrêmement variés, quelquefois un peu trop sommaires, sur les différents peuples et les différents âges du monde, empruntés aux écrivains de l'antiquité et à de très nombreuses monographies récentes. Mais ce qui l'a fait remarquer, ce n'est pas seulement la multiplicité des faits qu'il signale, c'est aussi la théorie de la propriété que l'auteur a cru pouvoir tirer de de ces faits. Il présente en effet la communauté agricole ou le communisme agraire, qui a été la loi des temps primitifs, comme fondé sur les principes essentiels de la justice et soutient que l'idéal d'une société bien constituée, surtout d'une société démocratique, est de reproduire ce système. « J'ai démontré, dit-il à la dernière page de son livre, que tous les peuples ont eu primitivement une organisation qui assurait à tout homme une part du fonds productif. L'analyse fait voir aussi que la propriété est la condition indispensable de l'existence, de la liberté et du développement de l'homme. Le sentiment inné du juste, le droit primitif et le droit rationnel s'accordent donc pour imposer à toute société l'obligation de s'organiser de façon à garantir à chacun la propriété légitime qui doit lui revenir. »

A côté de ces ouvrages, avant ou après eux, beaucoup d'autres ont traité la même question, les uns dans son ensemble, les autres pour quelques-unes de ses parties. Il suffit de citer, parmi les premiers, les études si judicieuses de M. Paul Viollet sur *le caractère collectif des premières propriétés immobilières*[1], et l'excellente *Histoire des locations perpétuelles et des baux à longue durée* de M. Garsonnet. Parmi les seconds, ceux qui méritent le plus d'être signalés sont l'*Histoire des classes agricoles en France* du regrettable M. C. Dareste, le livre de M. Geffroy sur *Rome et les barbares*, commentaire savant et ingénieux de la Germanie de Tacite, et le remarquable ouvrage de M. Anatole Leroy-Beaulieu sur l'*Empire des Tsars*, dans lequel il fait si bien ressortir, en reprenant et rectifiant des travaux antérieurs, les origines, les modifications et les conséquences économiques et sociales de l'institution du *mir* russe.

Mais il faut ajouter que l'opinion, d'après laquelle tous les peuples primitifs auraient débuté par la propriété collective de la tribu ou du village, a été combattue, pour ce qui concerne les Grecs et les Romains, par M. Fustel de Coulanges dans ses belles études sur la *Cité antique*. Suivant lui, les populations de la Grèce et de l'Italie, dès l'antiquité la plus haute, ont toujours connu et pratiqué la propriété privée et il n'est resté aucun souvenir d'une époque où la terre ait été commune[2]. M. Fustel de Coulanges a postérieurement repris et développé cette opinion, en se limitant aux institutions de Sparte, dans un mémoire lu en 1880 à l'Académie des sciences morales et politiques.

La question vient d'être traitée, avec des arguments et des points de vue nouveaux, dans une brochure considérable intitulée : « *Nantucket. Etude sur les diverses sortes de propriétés primitives* », écrite par M. Belot, professeur à la Faculté des

---

[1] Ces études ont été publiées en 1872 dans la *Bibliothèque de l'Ecole des Chartes*.

[2] Livre II, chap. VI. *Le droit de propriété*. M. Paul Viollet, dans l'étude précitée, a indiqué des textes qui lui paraissent justifier l'opinion contraire, en dehors même des souvenirs de l'âge d'or célébrés par les poètes.

lettres de Lyon, correspondant de l'Institut, bien connu par son *Histoire des chevaliers romains* [1].

A propos de Nantucket, d'une petite île sablonneuse, presque imperceptible sur les cartes de l'Amérique du Nord, située à peu près à la hauteur de Newport (État de Rhode-Island), qui a vingt-quatre kilomètres de longueur sur six à sept de largeur et qui a été colonisée en 1671 par des membres d'une petite église dissidente fuyant la persécution des puritains du Massachusets, M. Belot reprend savamment toute la question des propriétés primitives.

L'histoire de la colonie de Nantucket, qui fournit un type curieux de la constitution des propriétés immobilières dans une société naissante, au milieu de difficultés agricoles semblables à celles qu'ont dû rencontrer les peuples primitifs, a été écrite avec les plus grands détails dans plusieurs livres, notamment dans les *lettres d'un cultivateur américain*, par Saint John Crèvecœur, qui ont eu beaucoup de succès à la fin du XVIIIe siècle, et ont été publiées en anglais, puis en français et traduites en allemand. M. Belot aurait pu dire, pour faire mieux apprécier toute la valeur de cet ouvrage, que l'auteur qui, avant de l'écrire, avait vécu en Amérique pendant plus de vingt ans, a été le premier consul général de France à New-York, de 1783 à 1790 et a été compris en 1796 dans la première formation de l'Institut, comme membre de la classe des sciences morales et politiques [2].

La thèse historique de M. Belot est une argumentation très vigoureuse contre la conclusion du livre de M. de Laveleye. Tous les détails de l'histoire de la colonie de Nantucket, où a régné pendant longtemps la communauté des terres de culture, montrent les raisons d'ordre purement physique qui ont fait établir ce

---

[1] Grand in-8 do 92 pages, chez Leroux, éditeur.

[2] M. Robert de Crèvecœur, ancien auditeur au Conseil d'Etat, a publié récemment une très intéressante biographie de son arrière grand-père, sous ce titre : *La vie et les écrits de M. Saint John de Crèvecœur.*

système. Tous ces détails établissent que ce n'est point le sentiment de la justice, du droit égal de chaque individu, mais l'impossibilité de faire autrement qui ont conduit à laisser en commun des terres sans valeur, auxquelles l'état du sol ne permettait pas de demander plusieurs récoltes de suite et ces faits, suivant M. Belot, éclairent d'une vive lumière les textes qui nous montrent chez divers peuples anciens un état de choses analogue.

M. Belot ne se borne pas d'ailleurs à examiner les conditions dans lesquelles s'est constituée la propriété foncière à Nantucket. Il étudie aussi la constitution de la richesse mobilière, développée par les profits que réalisaient les pêcheurs et les commerçants de cette petite île et il montre comment l'accroissement de la richesse mobilière a entraîné plus tard la constitution de la propriété privée sur les terres devenues plus fertiles et l'inégalité des fortunes.

Il fait remarquer très justement que, si la société était tenue d'assurer à chacun de ses membres la jouissance d'une portion du sol, il n'y aurait pas de raison pour qu'elle ne fût pas également tenue de leur assurer la jouissance d'une part de richesse mobilière, de cette richesse si variée dans ses éléments, et il soutient énergiquement qu'elle n'est tenue de leur assurer ni l'un ni l'autre.

« La propriété, dans son essence, dit-il, ne se confond pas avec l'objet matériel auquel elle s'applique, avec lequel elle s'incorpore souvent. Elle est l'empreinte que l'homme a mise sur les choses, la transformation que son travail, son intelligence, son courage leur ont fait subir, ne fut-ce qu'en les transportant d'un lieu à un autre et en les mettant à la portée de ceux qui en ont besoin. Elle est, en général, ce que le génie ou la force de l'homme ajoute à la nature, en laissant, dans le monde extérieur, une trace ou seulement un souvenir de son action et de sa personnalité.

« La propriété n'est pas bornée à la surface totale des terres
cultivables et habitables, ni à la masse de tout le numéraire cir-
culant, ni à l'ensemble des bâtiments, ni à la collection de tous
les meubles, de tous les outils et de toutes les machines. Quand
même on pourrait partager également tous ces objets en petites
parts sans détruire le crédit, le goût des entreprises et le travail,
sources de la richesse, il resterait encore à partager également
entre les hommes le lot le plus important qui est l'esprit humain
lui-même. Tant que les hommes resteront inégaux par l'esprit,
il est à craindre qu'ils ne le redeviennent de toutes les manières.
Mais ce Protée insaisissable ne dépend pas de Babeuf, ni même
de Lycurgue. C'est lui qui est le vrai coupable des misères de
l'inégalité. C'est lui qui, en changeant toujours et de place et de
forme, donne aux choses leurs valeurs toujours changeantes et
il se laissera difficilement enserrer dans les liens d'une législation
tyrannique [1]. »

Cette première partie de la thèse de M. Belot nous paraît irré-
prochable. Nous n'avons qu'à louer ce qu'il y a d'élevé et de
solide dans son travail, qu'à signaler la science et la sagacité
qu'il a déployées dans la description des conditions spéciales du
climat de Nantucket, des nécessités de l'agriculture, du développement de la colonie naissante, des progrès de la richesse mobilière et qu'à nous associer à sa défense du principe de la propriété privée sous toutes ses formes. Il y a là une étude écono-
mique d'une réelle valeur.

Tout en combattant les théories de M. de Laveleye et en si-
gnalant le péril des généralisations trop hâtives, M. Belot ne
conteste pas, nous l'avons dit, l'existence de la propriété collective chez certains peuples. Au contraire, il l'explique et les faits
qu'il signale dans la petite île de Nantucket lui servent à préciser
le sens de plusieurs textes de César et de Tacite relatifs aux

[1] Nantucket, p. 85.

usages des Germains et dont le dernier a été l'objet de vives controverses.

Le texte de César nous apprend que chez les Germains, « aucun individu n'a une étendue délimitée de terre, ni une pro- « priété bornée, mais les magistrats et les chefs assignent, « pour un an, aux *gentes* et aux familles qui s'y rattachent autant « de terrain et dans tel endroit qu'il leur a paru convenable et, « l'année suivante, ils les forcent à se transporter ailleurs [1]. »

Le texte de Tacite, qui se trouve au chapitre XXVI de la Germanie, n'est pas identique à celui de César et l'un des mots essentiels du premier membre de phrase (*in vices, invicem* ou *vicis*) n'est pas le même dans les divers manuscrits. M. Belot, après avoir discuté toutes les variantes, le traduit ainsi : « Chaque territoire est proportionné au nombre des cultivateurs et occupé par l'ensemble des habitants de chaque village qui se le partagent ensuite selon leur rang. L'étendue des plaines facilite ce partage. Les cultures se déplacent d'une année à l'autre et, en dehors des cultures, il reste une grande étendue de territoire [2]. »

Un des passages, en apparence, les plus nouveaux de la traduction de M. Belot, c'est l'interprétation qu'il donne des mots *arva per annos mutant*. Dans leur traduction de la Germanie, Burnouf, M. Nisard et plusieurs autres écrivains avaient donné à ces mots le sens suivant : « Ils changent de terres (ou de champs)

[1] *De bello Gallico*, livre VI, chap. XII : « Neque quisquam agri modum « certum aut fines habet proprios; sed magistratus ac principes in annos « singulos gentibus cognationibusque hominum qui una coierint, quan- « tum et quo loco visum est, agri attribuunt, atque anno post alio transire « cogunt. »

Au livre IV, chap. I, se rencontrent quelques mots qui donnent une indication analogue : « Sed privati ac separati agri apud eos nihil est, neque « longius anno remanere uno in loco incolendi causa licet. »

[2] « Agri pro numero cultorum ab universis vicis occupantur quos mox « inter se juxta dignationem partiuntur; facilitatem partiendi camporum « spatia praestant. Arva per annos mutant et superest ager. »

chaque année. » De son côté, M. Geffroy, dans son savant ouvrage sur *Rome et les Barbares*, traduit ainsi : « Ces lots (de terre cultivée) ne restent entre les mêmes mains qu'une année. » On a combattu ces traductions en soutenant que Tacite n'a pas indiqué d'une manière précise qu'il y eut un échange de terres entre les cultivateurs. Mais le changement de champs peut avoir lieu de deux manières, ou par une distribution annuelle qui fait passer les mêmes lots dans des mains différentes, ou par l'abandon annuel de tous les lots déjà cultivés, abandon motivé par la nature du sol, la rareté des engrais, l'insuffisance des instruments agricoles, qui obligent à laisser longtemps reposer la terre avant de lui demander une nouvelle récolte. C'est ce second système qui, dans la pensée de M. Belot, était pratiqué par les Germains du temps de César et du temps de Tacite, non point par les raisons politiques que César rapporte d'après les témoignages des Germains, mais par des raisons tirées de l'état primitif de l'agriculture, semblables à celles qu'ont rencontrées les colons de l'île de Nantucket.

Du reste, dans l'un comme dans l'autre système, la propriété privée n'est pas établie sur les terres de culture. Les Germains ont leurs maisons, au moins du temps de Tacite; plusieurs passages des chapitres XVI, XXV et XLVI sont formels à cet égard. M. Belot croit qu'ils ont aussi la propriété de la terre qui entoure sa maison. Cela nous paraît contestable pour cette epoque, car ou ne voit pas, dans le chapitre XVI, que le terrain laissé vide entre les diverses maisons soit clos, ni qu'il soit cultivé. Tacite indique qu'on le laisse subsister par crainte des incendies ou par ignorance de l'art de bâtir. Mais M. Belot reconnaît formellement que les terres de culture, comme les pâturages, restent dans la communauté et que chaque chef de famille du village n'a droit qu'à obtenir, chaque année, un lot de terre à cultiver sur la partie du territoire où se portent les cultures. Ce n'est pas un système d'agriculture qu'indique Tacite, c'est un état social.

M. Belot aurait pu, ce nous semble, fortifier son argumentation
sur le déplacement ou le changement annuel des champs par les
explications que donne Tacite dans la suite du texte controversé.
Tacite a signalé, avec une grande netteté, les conséquences lo-
giques de ce système qui s'étaient produites chez les Germains,
et qui formaient un contraste si frappant avec l'état de l'agriculture en Italie. On ne demande, dit-il, à la terre que des récoltes
de céréales ; les Germains n'ont point de vergers, point de prairies
closes, point de jardins irrigués ; en sorte, ajoute-t-il, qu'ils
ignorent le nom et les produits de l'automne [1]. La répartition
annuelle des cultures enlève en effet aux agriculteurs tout intérêt
à faire des travaux qui ne donneront leurs fruits que dans l'avenir.
La propriété privée peut seule produire de pareils résultats.

Quoi qu'il en soit, le véritable sens du texte de Tacite, venant
après celui de César, n'est pas douteux et les commentaires dont
M. Belot l'éclaire permettent d'écarter les nuages dont plusieurs
écrivains allemands, réfutés d'ailleurs par d'autres écrivains allemands, ont cherché à l'obscurcir.

Jusqu'ici nous sommes complètement d'accord avec M. Belot, à
quelques détails près. Mais il a voulu pousser plus loin ses avantages sur M. de Laveleye. Après avoir montré les véritables
raisons qui, suivant lui, ont amené la constitution de la communauté des terres de culture, même à des époques ou le cultivateur
était déjà propriétaire d'une maison, il prétend établir que la propriété privée individuelle a précédé la propriété collective. Suivant lui, et l'exemple de Nantucket le prouve encore, les propriétés collectives n'ont dû être que l'annexe d'une propriété
privée ou l'extension, à une famille plus ou moins étendue, de
la propriété d'un individu. La propriété ne peut pas, dans son

---

[1] « Nec enim eum ubertate et amplitudine soli labore contendunt ut po-
maria conserant et prata separent et hortos rigent, sola terræ seges im-
peratur.... autumni perinde nomen ac bona ignorantur. »

opinion, être descendue de la tribu à la famille, puis de la famille à l'individu, puisque les familles sont une réunion d'individus et les tribus une réunion de familles.

A Nantucket, on voit les vingt-sept colons qui ont reçu la propriété collective de l'île distribuer entre eux, dès le début, la terre nécessaire à l'établissement d'une maison et d'un enclos et ne laisser en commun que les pâturages et les terres de culture difficilement exploitables sous le régime de la propriété privée individuelle. C'est le système qui a dû être pratiqué dans les pays primitifs.

Un autre exemple pourrait être invoqué à l'appui de cette thèse, celui des associations agricoles du moyen âge qui auraient eu pour base une propriété individuelle transformée en propriété collective.

De même, dans la pensée de M. Belot, les communautés agricoles de la Russie, connues sous le nom de *mir*, ont pour origine une concession du seigneur et, par conséquent, la communauté des serfs habitants du village a été précédée par la propriété privée du maître.

Cette seconde partie de la thèse de M. Belot nous paraît moins solidement justifiée que la première.

Nous regrettons, par exemple, qu'en abordant l'étude des communautés agricoles du moyen âge, il ait passé si rapidement sur les origines de ces associations, qu'il n'ait pas distingué les associations de serfs, se réunissant pour échapper à la main-morte et les associations d'hommes libres. Peut-être aurait-il trouvé des origines différentes à la constitution de la propriété collective dans les deux espèces de communauté. Mais ce n'est pas ici le lieu d'étudier les communautés agricoles du moyen âge, qui ont été l'objet de travaux si approfondis de la part de nos jurisconsultes anciens et modernes et que M. de Laveleye a cru pouvoir rattacher directement aux communautés agricoles de la

Germanie. Nous sommes obligé de renvoyer nos lecteurs à la préface du *Traité du contrat de louage* de M. Troplong, à la *Notice* de M. Dupin sur le Morvan, où il a fait connaître l'existence de la communauté des Jault qui n'a été dissoute qu'en 1846, à l'étude de M. Leplay sur cette même communauté dans l'ouvrage sur les *Ouvriers Européens*, aux livres de M. C. Dareste sur l'*Histoire des classes agricoles* et de M. Doniol sur l'*Histoire des classes rurales*. Il nous sera permis de rappeler à cette occasion que, dans notre livre sur les *sections de commune et les biens communaux qui leur appartiennent*, nous avons cherché à établir que ces associations agricoles étaient une des origines du fractionnement des biens communaux, dans les pays montagneux du centre de la France, entre un grand nombre de hameaux dépendant de la même commune. Il y a là des éléments très variés dont il serait intéressant de discerner les causes et les effets.

Ce qui nous empêche, avant tout, de considérer comme décisive l'argumentation de M. Belot, c'est que les exemples qu'il nous cite se produisent à une époque qui, pour l'ensemble, est loin d'être une époque primitive, où la propriété privée est constituée dans toute son intégralité autour de la communauté plus ou moins étendue dont il fait ressortir la formation. Par conséquent, ils ne prouvent pas qu'à des époques complètement primitives, la propriété privée de l'individu se fut étendue nonseulement aux biens meubles, mais aussi aux maisons, et aux terres qui les environnaient, avant que les terres de culture eussent été mises dans l'indivision par les familles réunies en villages ou en tribus.

Sans doute, M. Belot fait remarquer que les colons de Nantucket n'ont pas improvisé la constitution de la propriété privée et de la propriété collective dans leur petite île ; qu'ils n'ont fait que reproduire la vieille coutume écossaise de Lauder qui, d'après

M. Sumner-Maine, a une forme extrêmement archaïque et qui,
par suite doit reproduire, suivant M. Belot, les plus antiques
usages de la propriété et de la culture germaniques.

Mais il est bien difficile d'admettre que les Germains n'aient
point passé, à une certaine époque, par l'état nomade, avant d'ar-
river à cet état mixte dans lequel le livre de Tacite les dépeint.
Il y a, à côté d'eux, d'autres peuples nomades qui sont décrits
dans le dernier chapitre de la Germanie, des peuples sans armes,
sans chevaux, sans maisons, sans agriculture [1]. Comment ces
peuples, et les Germains avant eux, ont-ils passé de l'état nomade à l'état sédentaire?

Nous sommes étonné que, pour s'éclairer sur ce point, M. Belot
n'ait pas étudié la situation actuelle des tribus arabes de l'Algérie.
Il aurait vu là, au même moment, les types des différentes phases
par lesquelles se modifie la constitution de la propriété immobilière.

Pour certaines tribus, celles du Sahara et des hauts plateaux,
nous les trouvons à l'état nomade, ne s'occupant que d'élever des
troupeaux et parcourant d'immenses espaces dont les tribus elles-
mêmes n'ont pas bien fixé les limites. Pour d'autres, dans les
plaines du Tell, nous les trouvons à l'état demi-nomade, nomades
sur un territoire limité, s'occupant à la fois de la culture des terres
et de l'élevage des bestiaux, mais habitant toujours sous la tente et
n'ayant pas, dans bien des cas, de cultures fixes, parce que le soin
des bestiaux entraîne la tribu à des déplacements, défrichant par
l'incendie des broussailles et cultivant pour une année. Enfin, en
nous approchant de la côte et des villes, nous voyons des tribus
en contact plus fréquent avec les Européens, où nos méthodes
agricoles et les perfectionnements de la culture que permettent

[1] « Fennis mira feritas, fœda paupertas : non arma, non equi, non pe-
nates; victui herba, vestitui pelles, cubile humus ....sed beatius arbi-
trantur quam ingemere agris, illaborare domibus... »

les irrigations sont en usage, où la vie est complètement sédentaire.

Comment est constituée la propriété chez les tribus arabes? Nous ne parlons pas ici des Kabyles, qui appartiennent à une autre race, et qui pratiquent la propriété privée pour les terres de culture comme pour les maisons. On sait combien cette question de la propriété chez les Arabes a préoccupé le gouvernement français depuis 1840. Elle a donné lieu à de nombreux remaniements de la législation en 1851, en 1863, en 1873, en 1879. Où se trouvait le propriétaire? Etait-ce l'individu, la famille, le douar, la tribu? A côté des biens du domaine public et du domaine de l'Etat, il y avait deux grandes catégories de terres diversement appropriées par les Arabes, les terres *melk* et les terres *arch*. Les unes constituaient des propriétés privées, mais avec des complications particulières, des propriétés de famille dont un membre de la famille pouvait faire annuler la vente en remboursant le prix, ce qui est fréquent dans les législations primitives. La plus grande partie des terres étaient dans une condition différente. Pendant longtemps, on admettait que, sur les terres *arch*, les tribus qui les occupaient n'avaient pas un droit de propriété, pas plus que les douars et les individus. On ne leur attribuait qu'un droit de jouissance et l'État négociait avec elles pour cantonner leurs droits, en les consolidant, sur un territoire moins étendu. C'est le sénatus-consulte du 22 avril 1863 qui a, pour la première fois, reconnu aux tribus un droit de propriété sur ces territoires. Mais en même temps, le législateur s'est attaché, après avoir fixé les droits des tribus, à partager la propriété collective entre les douars, puis à favoriser le partage de la propriété des douars entre les individus, de façon à rendre une grande partie de la terre transmissible [1].

On voit donc, dans des faits qui ont le double avantage d'être

[1] Il faut consulter sur cette question, indépendamment des travaux législatifs de 1851, 1863, 1873 et 1879, l'ouvrage de M. Rodolphe Dareste sur *la propriété en Algérie* (2ᵉ édition, 1864), et ceux de M. Eugène Robe sur le même sujet, publiés l'un en 1864, l'autre en 1875.

contemporains et de s'accomplir chez un peuple resté pour une partie dans les conditions primitives, comment les peuples passent de l'état nomade à l'état sédentaire et comment la propriété collective de la tribu arrive à se transmettre aux familles et aux individus.

Il nous paraît bien difficile de dire avec M. Belot que la question de l'antériorité du communisme agraire ou de la propriété individuelle doit être non pas résolue, mais supprimée et que les diverses espèces de propriétés immobilières ont dû se produire simultanément suivant les circonstances, même dans les temps primitifs.

D'ailleurs nous ne croyons pas exact de qualifier de communisme agraire la communauté des terres de culture, si chaque individu conserve les fruits de son travail ; c'est du moins un communisme mitigé et dont les résultats sont moins nuisibles que ceux du système dans lequel tout est mis en commun.

Mais nous ne redouterions pas, pour notre part, la démonstration de ce fait qu'à l'origine des sociétés, on trouverait chez tous les peuples le communisme ou la communauté agraire. Nous n'éprouverions pas la crainte d'être obligé d'en conclure que ce passé si reculé est l'idéal de l'avenir. Loin de là. Voltaire écrivait à Jean-Jacques Rousseau, après la publication de son discours sur *l'origine et les fondements de l'inégalité parmi les hommes,* où il célèbre si chaleureusement les avantages de l'état de nature et déplore la propriété et la société : « Il prend envie de marcher à quatre pattes quand on a lu votre ouvrage. Cependant comme il y a plus de soixante ans que j'en ai perdu l'habitude, je sens malheureusement qu'il est impossible de la reprendre. » L'humanité ne reprendra pas non plus les habitudes des temps primitifs. Elle ne remontera pas à son berceau pour y trouver les conditions les plus parfaites de la civilisation.

Paris. — Impr. F. Pichon, 30, rue de l'Arbalète, & 24, rue Soufflot.